AF276135

PIEL MUDA

Raquel Paiz

COLECCIÓN ITES

PIEL MUDA

© Raquel Paiz Robles
© Prólogo: Juan Vellido
© Epílogo: Carmen Viejo Heredero
© Fotografía de la autora: Gina Bravo
© Ilustraciones: Chema Lajarín
© de esta edición: Olé Libros, 2025

ISBN: 979-13-87951-28-3
Depósito legal: V-4468-2025
Impreso en España

KALOSINI, S. L.
Grupo editorial olélibros
equipo@olelibros.com
www.olelibros.com

Lolo, para ti,
que te quedaste entre los vivos.
María, para ti,
que eres con quien por vez primera (re)conocí el Amor.
Alba, para ti,
que te me antojas siempre Ella.
Silvia, para ti,
el último de mis talones de Aquiles.

Es para ti, Chema Lajarín, que ennobleces la Poesía.
Es para ti, Juan. Mi amigo. Mi maestro. Mi mentor.
Es para ti, Carmen, Ahimsa... Mentora y amiga en la no violencia.

Es para ti, que (me) lees el alma.

Para vosotros y para vosotras, mi eterna y sincera gratitud.

Dolor, este libro es para ti. Y contigo.

Es para ti, muerte, Verbo Creador.

Mamá, papá, Toni, Chica..., es para para vosotros
que me encontráis siempre en horas de musas y musarañas.

Vida. Pura vida. Este libro es para ti. Y contigo.

Es para ti, pequeño gran Amor. Sol naciente.

Es para ti. Tonina. Para abrazarte en la Poesía.
Para alumbrar la oscura y larga noche en la que enmudeció la piel.

Es para ti, Raquel, que te reescribes en el silencio. Desde el silencio.

Es para ti, Raquel.
En el milagroso día en que te dejaste mudar la piel.

PRÓLOGO

Si Raquel Paiz reclamaba en su primer poemario *Conversaciones en la azotea* (Editorial Olé Libros, 2022) la paz y el alma como antídotos de la vida y de la muerte e interpelaba al sufrimiento humano como razón y sinrazón de la existencia, en una suerte de duelo —en sus más primarias acepciones de luto y enfrentamiento— inspirador de un relato creativo con el que la autora nos descubría su mundo interior desnudo ya de convencionalismos y doctrinas estereotipadas, ahora, en estos versos de *Piel muda*, en los que la autora abunda en el sentido de la vida y en el sentido de la muerte como epístolas universales, y en el amor y la esperanza como episodios salvadores de nuestra existencia, Raquel Paiz nos sumerge en su territorio más íntimo y en su reflexión más profunda: «Infinitos porqués / y el dolor adueñándose, / de la niñez. / Era domingo. / En el recuerdo, / un largo pasillo que, / como el otoño, amarillea». Y nos desvela ese llanto recóndito que aflige al ser humano, ese lloro que ya no cree en las lágrimas y que se oculta entre las sombras de nuestros pensamientos, nuestros deseos y nuestros miedos más impenetrables. Surge así, en estallidos espontáneos —la autora invoca una y otra vez su inequívoca intuición literaria— la frescura de una poética hondamente existencial y lírica, que se sustenta en un verso libre de ritmos y esquemas fónicos, pero colmado de figuras retóricas y tropos: «El título de mi soledad: / tu ausencia. / Luz que cabalga en luna nueva, / y en los versos que, a veces, / araño a la Poesía. / En tinta indeleble escribiste tu huella. / Lodo de este loto, / que aflora,

/ es tu legado. / Y tu ausencia»; una poética que se muestra más serena en la búsqueda de la belleza, más sosegada en la digresión de lo intelectual y lo estético, más estilizada en su factura, más madura en su cadencia y en su fuerza expresiva: «Si estuvieses aquí, Madre, / te contaría que la vida pasa, / sin que pase nada... / Ni deje de pasar».

Raquel Paiz, que como periodista ha cultivado la escritura comunicativa y ha descubierto acaso su vocación literaria a través de la práctica del reportaje, la crónica o la entrevista, ha experimentado el vuelo de la palabra allá donde el verbo se encuentra más limitado y constreñido. Por eso, quizá, ella, que conoce las suertes de la noticia y los hallazgos de la comunicación, recala ahora, serena, en un lirismo explícito y sugestivo en el que parece haber encontrado su equilibrio y su tono más auténtico. Se diría que en los versos Raquel Paiz construye su universo más íntimo y verdadero. Y es así que nace su *Piel muda*, plena de analogismos estéticos con su primer libro, *Conversaciones en la azotea*, y decididamente evocadora de nuevos caminos por donde la autora transita como un ave cenital que recorre los campos y las montañas y los océanos y los valles de su propio universo creativo. Y abre sus alas plenamente, y se recrea y se refugia y se eleva sobre esos mares inmensos a vuelo de pájaro.

Y es otra vez la metáfora la que apremia el ritmo, la que imprime fuerza expresiva a unos versos que, admitiendo el reto alegórico que la autora plantea en su libro, se nos antojan un tornado circular que nos prende, nos atrapa en una desgarrada emoción lírica: «¿Hay un lugar al otro lado del vértigo? / ¿Al otro lado del dolor? / ¿Al otro lado de mí misma? / Allí, acabamos los rezagados y los perezosos. / Los que, en vano, quisimos huir / y nunca nos fuimos. / Los desfallecidos y los sin vida. / Los sobrevivientes. / Los supervivientes. / Los renglones torcidos de Dios».

Piel muda es un libro de interrogantes y de sacudidas, pero es también una puerta abierta a la vida en una suerte de aprehensión de la muerte para comprender, para comprender(nos), diría la autora: «A veces, / creo que la muerte (se) ha (re)creado en mi vida / y que ha escrito el guion de mis días». Y así nos descubre el ciclo inequívoco de la muerte como renacer, en un bucle interminable: «Tu partida, mi renacer. / Cruel ironía del destino que, / en los márgenes del alma, / dicta estas líneas de ingrávida presencia. / En los márgenes del tiempo (te) escribo / Consciente del tiempo en suspenso».

Pero es, también, en ese debate existencial del sentido de la muerte y del sentido de la vida, que dos mil quinientos años antes de Cristo se dejara ver en la *Epopeya de Gilgamesh* —los cinco poemas sumerios que se erigen como la obra épica más antigua conocida—; o la diatriba de Confucio —quinientos años antes de Cristo—: «Si todavía no sabemos qué es la vida, ¿cómo puede inquietarnos la esencia de la muerte?», o la que ya en el siglo XIX los existencialistas franceses, de la mano de Jean Paul Sartre, abanderaran como filosofía y movimiento literario: «Todos los existencialistas tienen en común la doctrina fundamental de que la existencia precede a la esencia», lo que sirve de argumento poético y lírico a Raquel Paiz en una suerte de quimera de la conciencia de lo vivido, pues es el ser humano el único viviente capaz de sentir y padecer un dolor metafísico. ¿O esto es también una quimera?

Fábula o realidad irrefutable, la vida y la muerte son parte consustancial de nuestra existencia y de nuestra conciencia. Y en ellas, en la vida y en la muerte —las dos son femeninas—, se sustancian el amor y la emoción, la imaginación y el delirio, la pasión y el deseo, la tristeza y la alegría, la plenitud y el vacío. Y de todo eso trata este libro.

No ha de ser casual, sin embargo, que el último capítulo de este poemario se titule «Sol naciente», y en él la autora apele a la luz, aunque esta sea «la luz que muere contigo», y recurra a la nostalgia y a la eternidad y a la despedida y al alba y al ocaso y al paraíso y al espejo en que se mira el universo; y al instante fugaz y a la belleza y a la conciencia dormida y a las hojas del olivo.

Juan Vellido
Periodista, poeta y escritor

NOTA DE LA AUTORA

Piel muda: inspiración

Aunque he tardado en darme cuenta, _Piel muda_ está en mí, desde el mismo momento de mi alumbramiento. Desde el momento exacto en que mi alma abrió los ojos al mundo en una inspiración, con la que no he vuelto a (re)encontrarme hasta hace relativamente poco.

Inspiración.

La que, en todos sus sentidos, me conecta y me devuelve a la vida. Un lustro he necesitado para hallar(me) (en) las palabras que rompen el silencio que impregnó mi piel. Palabras también para este pulso con la vida con el que vibro desde entonces.

Piel muda es, querido lector, querida lectora, algo más que un poemario. Son versos paradójicos de pura y tibia desnudez. Es, si acaso, un (pre)texto para volver a adentrarme en mis entrañas y en las entrañas de la vida.

Necesitaba poner voz a mucho de lo que he vivido. A mucho de lo que he sobrevivido. A mucho de lo que en algún momento asfixió mi voz y mi aliento. Poner voz a todo aquello que me hizo enmudecer.

El resultado de esta necesidad se traduce sorprendentemente no solo en una voz. Ni en el puñado de versos preñados que me encontraron. Ni solo en un poema. Ni en un _quejío_.

No solo en un (re)encuentro con la vida.

Sino en un acto de valentía y coraje para poner palabras a lo que, durante toda una vida, me arrastró al silencio y me arrojó al ostracismo y al enmudecimiento.

Piel muda es un acto (in)egoísta que comparto hoy contigo que me lees. Contigo que, en silencio, me ofreces tu generosa presencia. Y, de alguna forma, tu generosa escucha.

Me (re)escribo a mí y me desnudo contigo.

Es un viaje que me ha devuelto imágenes de un «Tiempo fractal». De un tiempo al que, con mucha humildad y no sin cierto temor, me asomo para rescatar(me) de los muchos golpes que me asestó la vida. Y por qué no decirlo. Para insuflar aliento e inspiración a la niña, a la adolescente y a la adulta que quedaron atrapadas en algún lugar de la memoria. Y, a veces, del olvido.

Mirar por esa rendija del tiempo —y he aquí la paradoja— me ha ayudado a **mudar la piel y a darme un buen baño de vida**. Qué habría sido de mí, me pregunto, si no hubiese mudado la piel hasta convertirme en esta persona que alza hoy su voz y su pluma para hablar sin miedo sobre sus experiencias traumáticas; sobre sus temores; sobre sus anhelos; sobre todo aquello de lo que, si acaso, me pasé toda una vida huyendo...

Estas páginas son el fruto de mi silencio. De mis silencios. De la contemplación en busca de Verdad(es). Es fruto de la introspección y del coraje de quien, un día, decidió invitar al Verbo a re-crearse en *Piel muda*.

Es un anhelo profundo y nostálgico para ayudar a poner voz a quien, como yo, un día se sintió profundamente desolada y abandonada en una vida, a todas luces (y sombras) inabarcable e ingobernable.

Es una invitación a vivir cada instante como si fuera el último.

Y el primero.

Y el único.

Una invitación a colmar de presente cada experiencia. Y a tomar, quizá, ese «Último vagón».

Es, querido lector, querida lectora, una liturgia sagrada en la que abrirse al propio dolor y al dolor ajeno se convierte, si acaso, en «Versos de resistencia».

Es «Ausencia». Y «Ocaso». Son (las) «Cosas que te contaría». Y es, ante todo y sobre todo, el hallazgo del «Sol naciente».

O, lo que es lo mismo, la celebración de la vida por un instante.

Y un solo instante a la vez.

Piel muda

(RE)NACIMIENTO

VACÍO

VACÍO

Desgarra el desatino.
El *quejío* de un corazón sangrante.

El (des)medido silencio.
Y la tibieza muda.

Desgarra el azote de la indiferencia.
La torpeza del verbo.

Y el temblor de las alas rotas.

Desgarra mirar desde esta jaula de cristal.
El desvarío de torpes pensamientos,
el (im)pulso acelerado.

Y las cicatrices en las muñecas.

Desgarra el yermo (des)amor,
y el inclemente látigo de un tiempo,
que, sin tiempo, pasa.

El cautiverio en desalmadas caricias;
como alarido de animal en celo,
(des)garra...

Y en piel muda,
el atormentado vacío del eco...

... Y la existencia...

Piel muda

Azaroso instante del Universo.
Infinitas posibilidades.
Quieto movimiento.

Corazón en carne viva que,
como loto,
se deja florecer.

Salvia.
Instante eterno.
Entrópico silencio.

Del cielo,
momento caprichoso,
efímero.

Caos divino.
Polvo de estrella.
Aliento.

Inspiración.
La vida en un suspiro.
Versos de Dios.

Alas que,
en yerma coraza,
(se) quiebran.

Cicatriz del universo.

Piel muda.

Entropías

Alumbra mi existencia
la bóveda celestial.

Y en su gravedad,
el mundo atrae mis pasos.

Criatura del Cosmos.
Y del silencio ancestral.

Semilla en la Tierra.

Hermana que danza con Estrellas.

A veces, magia.
A veces, sacerdotisa.
A veces, tirano dictador.

Alquimia.

Astro que brilla.
Hija del sol.

La loca de la casa,
aullando a la luna.

Des(a)tino.

Entrópica creación.

Muerte, verbo creador

Enmudecer

TIEMPO FRACTAL

Tiempo fractal

Miro hoy a través de mi ventana
y me fundo en un paisaje
que se me antoja helado.

Como la vida,
el hielo se quiebra
en el hilo de Ariadna.

El espejo (me) devuelve
la imagen de un tiempo inerme.
Y el (im)pulso de un corazón gélido
que apenas palpita
con el pulso de la vida
que ha dejado de latir.

Miro a través
de la indolente ventana del tiempo.
A través de sus fisuras.

Una, apenas ya perceptible,
me devuelve ahora a aquel otro 18 de diciembre.
Tan lejano ahora...

El de 1988.
Domingo.
Y un corazón helado.

Debía de caer la tarde.
Yo, niña de pecas en el rostro
y alma errante.

Una sola llamada.
Una voz que ya no recuerdo.
Y un corazón que,
de por vida,
se quiebra.

Infinitos porqués
y el dolor adueñándose
de la niñez.

Era domingo.

En el recuerdo,
un largo pasillo que,
como el otoño, amarillea.
Como amarillea la estampa de la vida
desdibujándose en unas torpes palabras.
Y un impronunciado «adiós».

Largo silencio, eterno...
roto solo
por un corazón hecho añicos.

Funambulista,
se mece aún el dolor
en el hilo de un tiempo
a punto de quebrarse.

Miro hoy
a aquel otro 18 de diciembre.
Era domingo.

Y me afano
en desenmarañar
la madeja de un tiempo impertérrito.

Y (me) reconozco
en un dolor hoy agrietado
y unas manos que, de corazón,
escriben (en) la hiriente línea del tiempo.

Era 1988.

Apenas niña de pecas
y corazón errante.

Él, mi hermano.

Verbo creador
de esta insolente adulta
que, con sus manchas y cicatrices,
busca y rebusca
en un tiempo fractal.

En los recuerdos rotos.

A veces,
creo que la muerte (se) ha (re)creado en mi vida
y que ha escrito el guion de mis días.

Otras,
me empeño en desenmarañar sus misterios.
Y me arrojo al corazón de esta vida
que palpita al son
de una melodía colmada de silencios.

Era domingo.

Él, mi hermano.

EN LOS MÁRGENES
DEL ALMA.

En los márgenes del alma

Hay un tiempo
tejido en los márgenes del olvido.

Tiempo que araño a la soledad...

Hay un tiempo
en el que jugueteo
en la fragilidad de tus alas.

Hay un tiempo en el que me desdibujo
en los márgenes de la ausencia,
en el que te escribo y me reescribo
en la dádiva de la vida.

Contigo siempre,
pero sin ti.

Mirándome en un espejo
que solo refleja el vacío de la ausencia.

Tu partida, mi renacer.

Cruel ironía del destino que,
en los márgenes del alma,
dicta estas líneas de ingrávida presencia.

En los márgenes del tiempo (te) escribo.
Consciente del tiempo en suspenso.

Tiempo de poesía.

Y de llanto redentor.
Y de despedida.
Y de consciencia.
Y de creación.

Hay un tiempo sereno,
que cicatriza en el silencio...
... y en los márgenes del alma.

AUSENCIA

Ausencia

Es el título de un adagio,
y el amargo título de mi soledad.
De un afilado sarcasmo,
afrenta del destino.

Ausencia,
nombre de Verbo amargo.

Impronunciable.

Conjugación de un presente imperfecto,
impertérrito.

Título de un sollozo contenido,
de una vida a tientas.

El título de mi soledad:
tu ausencia.

Luz que cabalga en luna nueva,
y en los versos que, a veces,
araño a la Poesía.

En tinta indeleble escribiste tu huella.

Lodo de este loto,
que aflora,
es tu legado.

Y tu ausencia.

A VECES,
ME DUELO

A VECES, ME DUELO

A Pepe Caba, el amigo que no debió marcharse

Días oscuros,
tempestades que azotan el alma.

Días en los que recuerdo
que nacer es también empezar a morir,
y que no hay edad para expirar.

Días en los que parece faltarme el aliento,
plomiza ausencia,
realidad que apesta.

A veces, la muerte,
más vulgar y grosera que la vida,
se cruza y salpica con nuevas manchas en el cielo.

Y no por cierta
duele menos.

Hay noches en las que miro al firmamento
contando estrellas.

Otras, me hierve la sangre
con las ausencias que no debieron ser.

Me atormentan las palabras que no dije,
las risas que no volverán
y los finales inconclusos.

A veces, me duelo
cuando la muerte,
sicaria del tiempo,
desenfunda su guadaña.

Y devora sus entrañas.

Me duele dolerme.
Y recordar a golpe de realidad.

Me duele...
Porque, a veces, la vida duele.

COSAS QUE TE CONTARÍA

Si estuvieses aquí, Madre,
te contaría que la vida pasa,
sin que pase nada...

Ni deje de pasar.

Te contaría que seguimos latiendo
al compás de un tiempo insolente
y un tanto prematuro.

Que, a duras penas,
he crecido, te contaría.

Y que crecer duele.

Te contaría que,
en la senda de la vida,
nada...
... nada nos pertenece.

Y que desprenderse, Madre,
aun en un desgarro,
es un acto de liberación...

... Y de creación.

Te contaría que, solo con fe,
escribo esta Felicidad,
que, a ratos, se me antoja eterna,
a ratos, imposible.

Un verso perdido,
una raya en el agua,
una sombra inquieta,
un alto en el camino,
un sueño...
o un mal sueño.

Te contaría
que no lloramos a quienes se marchan,
sino a lo(s) que (nos) perdemos
en (su) ausencia.

Te contaría que la vida es una partida.
En la que a veces se pierde...
y, a veces...
... a veces,
se gana.

Que cada instante,
te contaría,
es un aprendizaje
y una elección.

Te contaría que sí,
que se puede Ser...
... aunque no lo creas.

Que podemos acunar
la niñez atrapada en piel adulta, te contaría.

Y abrazar a los niños que gritan,
que se rasgan las vestiduras,
y que (se) sienten perdidos,
en una vida que parece quedarles grande.

Que la vida anda
colmada de versos y silencios,
te contaría.

Y que tú, Madre,
te vestiste de gratitud...
... y de Poesía.

ALUMBRAMIENTO

A la noche,
siempre,
el día deslumbra.

Incluso a la más oscura del alma.

Sutil y serena.

Luz que,
de entre las tinieblas,
desvela al sueño.

Al alba,
luz,
de sus infiernos, renacida.

Cénit creador.

Veinticuatro horas

MILAGRO

ÚLTIMO VAGÓN

La locura y la muerte pueden esperar.
Veinticuatro horas más.

No así el que pudo ser el último vagón de mi vida.

Un instante único.
Alquímico.
Redentor.

Despojada del peso de mis pasos.
Arrojada al vacío.

Sin sonrojo,
ni estupor.

Al vagón de cola,
donde la vida aguarda en,
apenas,
un hálito inconfesable.

¿Hay un lugar al otro lado del vértigo?
¿Al otro lado del dolor?
¿Al otro lado de mí misma?

Allí, acabamos los rezagados y los perezosos.

Los que, en vano, quisimos huir
y nunca nos fuimos.

Los desfallecidos y los sin vida.
Los sobrevivientes.
Los supervivientes.

Los renglones torcidos de Dios.

Los arrieros sin camino.
Los poetas sin palabra.
Los artistas sin belleza.
Los desahuciados del alma.

Un viaje sin rumbo.

Solo las manecillas de un reloj,
al compás de un tiempo que se arrastra.

Un viaje sin retorno,
donde la muerte
parece huir de la vida
y la vida
nunca se fue de la muerte.

SIN MEMORIA

SIN MEMORIA

En un lugar sin historia.
En un lugar sin memoria.

En el lugar del olvido.
En el lugar en que nadie quiere recordar.

En el vagón de cola.

En el lugar donde los desalmados
buscan compañía.
Los sin lágrimas, compasión.
Los charlatanes, silencio(s).
Los desaprensivos, humanidad.
Los cautivos sin reja, libertad.
Los ateos confesos, un trago de fe.

En un lugar donde el tiempo apresa.

Y los dioses de la culpa
aguardan,
esperando que nos rindamos
a su olvido.

(OTRO) LUZ PRODIGIOSA.

(Otra) Luz prodigiosa

En medio del todo y de la nada,
donde se desvanece la memoria.

Silencio atronador.

Y el cielo que se quiebra
en miles de fragmentos.
Cientos de miles de imágenes,
desfilando por mi mente.

Y la luz,
esa luz prodigiosa
sin tregua,
ni consuelo.

Luz que escarba en los huesos,
que exhuma lo que a la tierra vino,
y lo que, en la tierra,
hubo de quedar enterrado.

Curvas de vértigo.
Obscena mirada en la cuneta.

Carmín de sangre y miedo,
abono para el silencio.

Un instante.
El retrato del dolor.

Y un no querer morir con los muertos.

Dioses de la culpa

En el último vagón,
las putas, los putos,
los locos, las locas,
los presos, las presas,
la locura...

Los que creyeron ser alguien.
Los que imploraron amor.
Los que ascendieron castillos de naipes.
Los de muñecas rotas y puños vacíos.
Los sin dientes con pérfidas lenguas.
Los humildes deshonestos,
los honestos sin humildad.

Y la locura de tantos y tantos sueños rotos.

Los culpables.
Los inocentes.
Las víctimas.
Los verdugos.
Los maltratadores.
Los maltratados.

¿Qué clase de locura mece la maquinaria
que arrastra el último vagón?

Locura voraz que,
como deidad extenuada,
ha dejado de responder.

Dioses de la culpa,
inclementes e impíos,
agazapados en las entrañas.

Que no hablan.
Que no juzgan.

Y que solo(s) nos observan desmoronarnos.

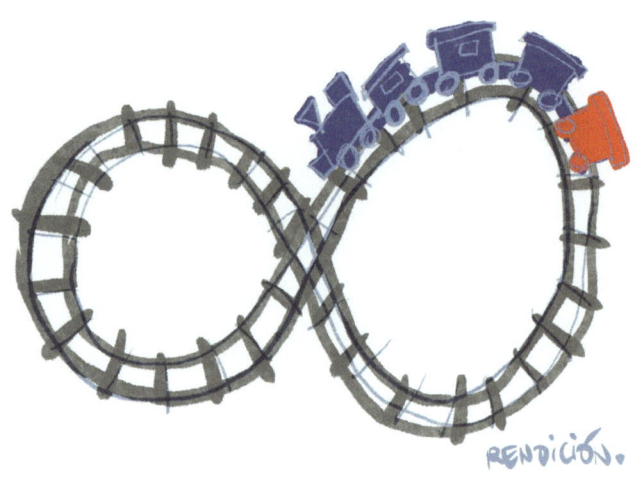

RENDICIÓN.

Rendición

No hay preguntas
ni respuestas
en el último vagón.

Solo ecos del verbo atragantado.

Y rendición.

Despojos del peso de la culpa,
como fatua bacanal,
ardiente en la rueda de Samsara.

Redención.

Dejarse morir
para no morir del todo.

SIN RUMBO

Sin rumbo

No hay estruendo
cuando el desvarío cesa.

Ni silencio.
Solo vacío.

Y la letanía de la batalla.

Último vagón,
que de la muerte viene
y a la vida va.

Silencio del alma.

Imagen trasnochada de un ayer
al que mirar sin miedo.

Sin rumbo.

Y la rueda que sigue girando.

Maquinaria de vidas y muertes,
de culpas heredadas,
y de los deseos que arden
en el brillo de la ignorancia.

Y la rueda que sigue girando.

Arrastrando.

Aplastando.

Devorando.

La vida en un suspiro.

Morir para nacer.

Nacer para perecer.

De vuelta a empezar,
en un principio sin regreso.

Ni final.

En el último vagón,
solo movimiento,
incesante,
inevitable.
Imperturbable.

Inagotable rumiación.

Un viaje sin rumbo,
donde la vida
parecer venir de la muerte...
... y la muerte...
que nunca se fue de la vida.

En el dolor del mundo

En tu piel

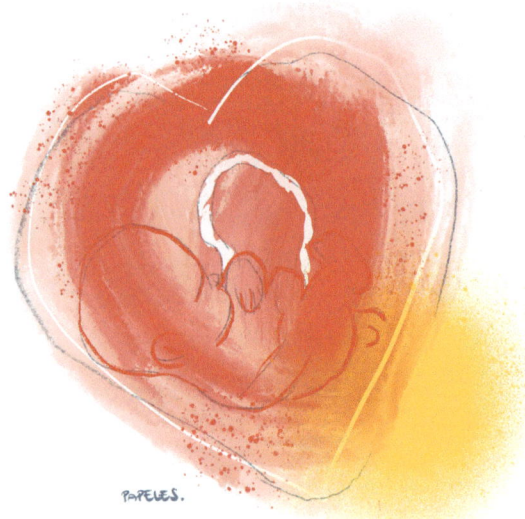

PAPELES

Te he leído el dolor del mundo.
Lo escribiste en paz.
Te susurré el silencio.

Con Amor lo escribiste.
Ruido y quietud en la melodía de la vida.
Voces que rugen ahí afuera,
en su yerma bacanal.

Te he escrito el Amor.
Me has leído el corazón.

El miedo reclama su papel.
El sufrimiento quiere dárselo.

El dolor del mundo te he escrito.

Lo has leído en quieta tempestad.

La avaricia exige un papel.
La compasión le quita las ganas.
La ira ruge.
La nada la amansa.

Me he escrito en el dolor del mundo,
vindicando un papel.

Mi papel.

El Amor me pidió silencio
y tiempo para reescribirme
en el guion que arrastra la locura
en lo-cura.

Lo escribió el Amor.
Lo leyó la vida.

VERSOS DE RESISTENCIA

Que sea la poesía la que salve el mundo.
Y penetre en el corazón de la indiferencia.
Gaza...

Herida lacerante que no cierra.
Que supura en la obscenidad del tiempo.
Cicatriz afilada en la piel del mundo.
Grito asfixiado en la indiferencia.

Bucle de historias,
en días olvidados.

Rostros que se pierden en su ceguera.

Asesinos sin nombre,
ni rastro de Dios,
ni huellas en los libros.

Sin memoria en la historia.

Sin historia en la memoria.

Manos manchadas
asfixiadas en el desaliento
de quien, sin nacer, perece.

Muertos de hambre.
Vivos en la memoria.

Silencio incrustado en las grietas del tiempo.
Sombra alargada en miradas bajas.

Sin tregua,
dignidad violada.

Atónitas miradas.

Escarnio.

Humanidad escrita en versos de resistencia.

FRAGILIDAD

FRÁGIL

Espejo de frágiles recuerdos
son las lágrimas del mundo.

Redentor, el silencio,
que acuna y abraza el sufrimiento.

Frágil poesía.

En el transitar de las oscuras noches del mundo,
en Dante y sus infiernos,
una llama que apenas se vislumbra.

Agitado sosiego en mis estancias.

En las lágrimas del mundo, me quiebro.
Al alma de la consciencia me arrojo.

En sonora quietud,
el espectáculo de una vida
emborronada en inconsistentes recuerdos.

Son del dolor del mundo estas lágrimas.
Mi espejo.

Y del sufrimiento del mundo,
que aterra al silencio.

Dolor.
Lágrimas.
Miedo.

Obscenidad.

Silencio.

VIDA Y
MUERTE

Vida y muerte

A las personas a las que el COVID les truncó la vida

Mientras millones de personas se debatían
entre la vida y la muerte ahí afuera,
la vida, implacable,
impuso su clamoroso silencio.

Tras la frágil transparencia de la alambrada,
la vida.

Dos realidades
separadas
por un solo punto de (mi) vista.

El sollozo de la Pachamama,
gentil, amable, cálida.

Distante. Dolorosa.
Como si nos hubiéramos muerto...

A un paso del humano cautiverio,
un baño de luz,
de tierra,
de agua.
Granizadas insólitas.
Aires furiosos.

Y en nuestra quietud,
la Mater brillando,
con sus tres nuevas lunas llenas
y sus casi cien soles,
en el alma callada de las cosas.

Vida y muerte,
dos caras de una moneda,
dos realidades tras la alambrada.

Paradójico hallazgo:
la vida,
que, en la morgue,
me encontró.

DOLOR DEL MUNDO

En tus vidriosas pupilas,
se ha derramado el dolor del mundo.

En tus lágrimas,
sarcástico,
se refleja el sufrimiento.

Cara de mi cruz.

Acuno en quietud tu dolor.
Lo acaricio.
Y lo mezo al compás de aires de redención.

Almas sintientes que,
bajo el firmamento,
vagan,
anhelantes de algún recuerdo
que las devuelva a casa.

Me he abrazado a tus ojos
y me he visto en tu dolor.

Y en el brillo mate del alma quieta.

No son (solo) tus ojos los que tiemblan.

Son mis ojos.
Y los tuyos.
Y los ojos que nos observan.

Ojos que yacen en el atrio de la vida.

Son mi dolor y mis ojos
los que te abrazan.

Y el Amor del mundo,
nuestro espectador.

He salido en tu busca.

En el tiempo sin tiempo.
En el espacio sin tiempo.
En el tiempo sin espacio.
En el espacio sin espacio.

Ni tiempo.

ATÁVICO PRESENTE

Será la (in)consciencia,
que no supe que tú también sufrías.
Que, como yo, del dolor huías con pavor.
Que, como yo, inconsciente, deambulabas.
Que, como yo, te afanabas en buscar mundos inexistentes.

Cosas de la inconsciencia,
que renunciamos a habitarnos
en busca de quién sabe qué.

En busca de lo posible.
Y de lo imposible.

De espaldas al presente.
Atávico presente.

En la enajenación del mundo,
interpelamos la quietud
de nuestros errantes espíritus.

Qué cosa la inconsciencia,
que nos privó de lo único que nos fue legado.

Tan tuya, la vida.
Tan mía.
Tan cercana y ajena,
como los ojos que la miran
y no se dejan ver.

Qué cosa la inconsciencia,
que entumece el corazón del dolor trágico.

Y es mío tu dolor,
y tuyo, mi sentir.

Polvo de estrellas.

Mota.
Que se sueña no siendo.
Que insomne se sueña.
Que se sueña no siendo.

Polvo de estrellas.

Nada que hacer. Ningún lugar al que ir

En el espejo del mundo,
(me) he mirado.

Con estruendo afilado,
he sentido
nuestro dolor.

En el silencio de Gaia,
de la Pachamama,
de la Madre Tierra,
(me) he visto.

Y he lamido su herida,
que es también la mía.

A la ilusa línea del tiempo,
me he precipitado.

Como un río
que no encuentra su cauce.

Nada que hacer.
Ningún lugar al que ir.

Me he estremecido
en el caos del Universo.

Malabares de incertidumbre,
equilibrios imposibles
sobre la cuerda de lo eterno.

Es tiempo de recogimiento.
Nada que hacer.
Ningún lugar al que ir.

(Me) he visto
en el dolor del mundo.

(Me) he escuchado en el llanto del niño,
y en la voz que, en apenas un susurro,
se desvanece entre las sombras.

Es tiempo de recogimiento.
Nada que hacer.
Ningún lugar al que ir.

Tiempo de recogimiento.

Reflejos

MUDAR LA PIEL

ESPEJISMOS

Y entonces, amanece el día
en que comprendes
que no se puede cambiar
y seguir siendo la misma.

De sobra(s), lo sabes.

Reflejos de lo que fue
y de lo que pudo haber sido
rugirán,
y en lo efímero de un instante
marcarán el paso de este camino
que has decidido transitar
con presencia.

Y danzarás con fantasmas.
Y para los miedos,
tazas de café.

Espejismos de lo que pudo ser y no fue
camparán a sus anchas
por los recodos de la mente.

Espejismos para el alma.

Porque hoy sé
que no se puede cambiar
y seguir siendo la misma.

Por mucho que se empeñen las sombras.
Por mucho que ruja
un tiempo que ni tiempo tiene...

Y a ti,
amada sombra,
que apareces y reapareces
para dar luz a las grietas,
perdón.

Perdón.

Y gracias.

RETRATO BORROSO

RETRATO BORROSO

A veces...
olvido que la vida es continuo movimiento.
Y me afano en interpretarla como aquel retrato borroso
en una captura de pantalla.

A veces...
me bloqueo en el fluir de los días.
En el continuo devenir de un fotograma
a punto de sepultar aquella vieja emoción congelada.

A veces...
me ciego en busca de una claridad que ya se abre paso,
aunque yo...
... aunque yo no la vea.

Cercana y lejana
como el retrato borroso de ese instante que no atrapo.

A veces...

Ay, la vida, a veces...
cuando se me antoja tan agitada...

Sombra

La sombra no es más que un juego.
Un recuerdo.
Un brindis al sol.
Pretérito imperfecto.

Presente, pasado y futuro
en común unión.

Jocoso regalo de la luz
que me recuerda
que no camino sola.

Espejismo de la noche oscura,
la sombra.
Perspicaz.
(Im)pertinente.

Proyección alargada
de lo que pudo ser.
De lo que fue.
De lo que será.
De lo que es, no siendo.

Espejismo oscuro.
Crisálidos recuerdos.

Luz atenazada,
recostada en el largo sueño.

Verbo incondicional.
Incondicional trasiego.
Nómada.
Errante.
Distante.

Sombra.

Reptiliana (sin)razón.

Sombra.

Identidad que, a contraluz,
se quiebra.

Y que, en la oscuridad,
fenece.

De mí, nace.
Conmigo, hace.

Jocosa.
Sutil.
Silente.

Bastarda hija del sol.

Siempre a mi lado.

Aire.
Corazón.
Luz.

Sombra.

Todo de mí.
Toda, conmigo.

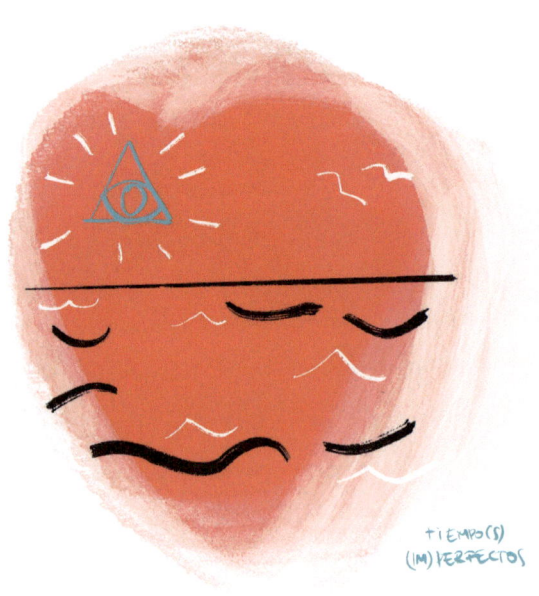

tiEMPO(S)
(IM)PERFECTOS

Tiempo(s) (im)perfectos

Quisiera fijar la mirada en un punto de la eternidad.
En esa línea sutil donde el horizonte se desvanece,
jugando a ser libertad.

La eternidad suena al eco
de los dictados del corazón.
Y a brisa fresca.
Y un pensamiento que se confunde,
jugando a ser Dios.

En la eternidad,
se desdibuja un tiempo pasado
que, al alba, apunta maneras
y se deja estar
al calor de un café que se enfría.

Dice el pasado
que hay días en que la vida
se le antoja eterna...

Me suena a sueño
que apenas puedo recordar,
ese pasado que insiste en seguir presente.

Y que, a veces,
(se) arrastra hacia el futuro.

Soy

No sé quién soy.
Tal vez el verso ausente en un folio en blanco.
La palabra impronunciada.

El todo y la nada.

Mis luces y mis sombras.
La noche en su día.
El día en su noche.

Soy la cara y la cruz.

El miedo.
La rabia.
La ira.
El coraje.
El amor.
La valentía.

Soy la voz que ruge
y la voz que se quiebra.

Soy.

Yo soy.

Quién soy cuando no soy,
me pregunto.

Quizá el vuelo del águila que planea.
El acecho del buitre carroñero.

La puerta sin puerta.
El papel sin su pluma.

Pensamiento que se apaga.

Noche en desvelo.

Fisgona que observa,
sin nada ya que ver.

Mano que mece la cuna.
Eco de lo que nunca existió.

Si acaso soy,
me pregunto.

Sol naciente

CREPÚSCULO

No es una despedida

En efímera despedida,
(te) sentiré nostálgica.

Añoraré tu brisa
acariciando mi rostro,
el aroma salado
que dejas en mi paladar
y la sensación de vida
que te tomo en pequeños sorbos.

La resaca del mar.
La mar.

Miradas que se pierden
buscando este
y otros horizontes.
Posibles.
Imposibles.

Horizontes.

El abrazo cálido y húmedo
de tus aguas,
manto de alguna que otra hada.

Y el azote de tus rabietas.

Las paces que brindas
en eternos atardeceres.

Y la luz, que, contigo, muere.

OCASO.

OCASO

No he visto al sol llorar
en su infinito desfallecer.

Ni lamentarse,
ni resistirse al arrojarse al vacío
en la fisura del tiempo.

No lo he visto redimirse
cada nuevo día al alba.

Ni envolverse
en cantos de sirena.

Ni maldecir su suerte,
enredado en la rueda de Samsara.

Ni coronarse en la cima
con hojas de olivo.

Ni quemar(se) en su arrogante brillo.
Ni prender la piel en delirio.

No. No lo he visto...

Pero
¿acaso he mirado?

cautiva(oal.

Cautiva(da)

¿Y si fuera esto el paraíso?
Un instante fugaz.
El (con)tacto de la vida en el rostro.
Una caricia del tiempo.

El espejo en que se mira el Universo.

¿Y si fuera de verdad esto?
La eternidad en la impermanencia.
El desperezar de la conciencia dormida.
Un instante atrapado.

¿Y si de verdad fuera la belleza?
El jilguero en su poesía.
Y la vida que sale al paso.

¿Y si de verdad fuera...
el instante en que (me) dejo (de) pensar?

Sin palabras.
Vívida presencia.

SOL NACENTE

SOL NACIENTE

Buscaba una imagen que hablara de ti.
Y contigo.
Una, para acurrucarte,
mirarte y reconocerte.

Buscaba palabras que vibraran contigo,
y que alumbraran los serenos instantes
que (te) aguardan.

Buscaba el Verbo
que te recordase que ya ERES.

Que eres desde muy adentro,
desde el primer hálito,
desde el comienzo
que no aguarda ya testigos.

He buscado palabras
que te abracen en la calma
que, con alma, escribes.

Sol naciente, entonces.
Luz que templa.

Murmullo en piel,
que se insinúa sin sombra.

Sol que, en su quietud,
resplandece,
y (nos) devuelve a la ternura
de lo que nunca (se) apaga.

PIEL

Colmada de dudas y silencios,
hace apenas un instante,
(me) abracé (a) la vida,
estremecida en piel extraña.

Hilarante destino,
esculpido con mis dedos.

Y, otra vez,
desnudo, el corazón,
derramándose en su fugaz misterio.

Cuerpo a cuerpo,
enmudece la piel.

Sensuales tempestades.
Ardientes malabares.

Gemidos contenidos en un sollozo...
Cuerda, en su melodía, desafinada.

Tempestades que azotan las (c)almas.

Cielo de nubes atormentadas.
Tímido esplendor.

Amor.

Piel con piel.
Caricias en convulsa confianza.

(Im)pulso al silencio.

Y el miedo a (re)sentir(se).

ENCUÉNTRAME VIVIENDO

Querida vida,
por favor, si has de encontrarme,
encuéntrame viviendo.

Encuéntrame en el alma viva de las cosas.

En mi azotea,
en las mareas
y en mis tempestades.

En la faz oculta de la luna.

En el sol que se deja morir cada día
para alumbrar(se) un día cada vez.

Encuéntrame en el polen
que viaja en el zumbido de una abeja.

Querida vida,
rendida,
he dejado de huir.

Hasta enmudecer la piel,
alcánzame viviendo.

EPÍLOGO

Tartamudea Raquel cuando va a comenzar a hablar. Pareciera que no logrará articular palabra, que sus ojos ya lo han contado todo, que su temblor la hará correr a lugar seguro. Y sin embargo, en ese momento justo entre noche y amanecer, ella arranca solar, renacida, y nos hace renacer.

Hay soledad intrínseca que se manifiesta en la sombra o en la luz de la hermana que pareció marchar para seguir viviendo en ella. Hay aferramiento a recuerdos que tal vez nunca fueron, y que vienen inspirados por una nostalgia congénita y sistémica, un temor a ser desleal a los que se fueron yendo. Y de pronto, salta a la vida, por mí y por mis compañeras, con cierto rubor por la supervivencia. Y se sube en el último momento al «vagón de cola» para, asombrada, verse la maquinista de todo un tren de vagones de cola donde pululan las almas que perdieron algún tren, que son todas, casi todas... «en los frágiles márgenes de este tiempo».

Enmudece Raquel y enmudece su piel para dejar un corazón en carne viva; le desgarra «la tibieza muda» y prefiere ese vagón de cola para mirar «al otro lado» de sí misma. Allí se encuentra con los demás «poetas sin palabra», con los «arrieros sin camino», con los «artistas sin belleza», sobrevivientes todos que no sobran, sino que logran ser supervivientes de la supervida. Porque rendirse aquí no es cobardía, es «dejarse morir para no morir del todo».

Es poesía existencialista: «Mano que mece la cuna. / Eco de lo que nunca existió». Y al mismo tiempo poesía pequeña

123

y cotidiana: «¿Y si fuera esto el paraíso?». Donde queda destacada la importancia de lo efímero, de lo medio hecho, de la duda, de la «fragilidad» que atempera el silencio «del sufrimiento del mundo». En llama silenciosa, alquímica, transformadora.

CARMEN VIEJO HEREDERO
PERIODISTA Y PROFESORA DE YOGA Y MEDITACIÓN

ÍNDICE